RÉFLEXIONS

SUR

QUELQUES ARTICLES

DU

PLAN DE CONSTITUTION

ENVOYÉ

PAR L'ASSEMBLÉE NATIONALE

A LA COLONIE

DE SAINT-DOMINGUE.

PAR M. DE PONS, *Habitant d'Ouana-minthe, Isle et Côte Saint-Domingue.*

A PARIS,

De l'Imprimerie de MEYMAC & CORDIER, rue Galande, N.° 58.

1791.

RÉFEXIONS

SUR

QUELQUES ARTICLES

DU

PLAN DE CONSTITUTION

ENVOYÉ

PAR L'ASSEMBLÉE NATIONALE

A SAINT-DOMINGUE.

INTRODUCTION.

A L'ÉPOQUE où la Nation Française, trop long-tems courbée fous le joug d'une législa-tion vicieuse et d'une administration oppres-

sive, a manifesté la ferme volonté de reprendre
ses droits, et de déléguer, d'une manière plus
conforme à la raison et à la justice, les différens pouvoirs, on a vu les citoyens les plus
éclairés s'empresser de faire hommage de leurs
vues sur la meilleure organisation à adopter.

La liberté de la presse, cet égide si puissant
de la liberté, en favorisant la communication
des idées, a encouragé le talent, et la censure
libre du public en a exclu les vices et les passions.

Un si grand concours de lumières rendait
facile la marche que les Représentans du Peuple
avaient à tenir; et si elles ne suffisaient pas
pour assurer d'une manière constante le bonheur qu'on se promettait du nouvel ordre de
choses, elles procuraient du moins l'inappré-
ciable avantage de fixer les principes constitutionnels, et de faciliter aux Législatures les
moyens de les appliquer selon les vrais rapports sociaux.

On voit encore chaque jour paraître de
nouvelles productions. Chaque individu met
au rang de ses plus précieuses obligations,
celle de faire connaître son opinion, et de la
soumettre au jugement de ses compatriotes.

L'un des prodiges de la révolution a été de

substituer subitement aux alimens frivoles dont l'esprit français se repaissait, des matières propres à assurer le bonheur de la Nation et à augmenter sa gloire.

Toutes les parties de l'administration ont été tour-à-tour traitées par une infinité d'Auteurs et en divers sens; tous ces travaux préparatoires de la loi, sont autant de matériaux qui ne laissent au Législateur d'autre soin que celui du choix; mais une singularité dont la cause ne peut se trouver que dans l'impossibilité à laquelle la nature a semblé condamner l'homme de donner à ses travaux la perfection, les Colonies ont été entièrement oubliées.

Les bases de la Constitution française étaient déjà posées lorsque les Colonies, ne recevant aucune disposition du nouveau Corps législatif qui leur fût propre, flottaient entre la crainte pour leurs propriétés, que la nouvelle de la révolution opérée dans le royaume avait inspirée, et le desir de rester unies à la France.

Cette position à laquelle l'oubli ou l'indifférence de la Métropole donnaient tous les caractères de l'anarchie, fit naître des désordres dont le courage et la sagesse des habitans empêchèrent les suites.

Les États-Généraux étaient rassemblés dès le 27 Avril 1789, et ce ne fut que le 8 Mars 1790, qu'il parut un décret qui porte avec lui la preuve la plus complette de la versatilité des principes sur les Colonies, et où on n'apperçoit de fixe que l'intention de l'Assemblée nationale de tenir les Colonies sous un joug bien plus dur que celui sous lequel elles ont si long-tems gémi.

Cette loi contient des dispositions tout-à-fait contradictoires en principes : d'abord on y déclare que les Colonies, en dépit de leur éloignement, *font partie de l'Empire français*, et que cependant, *elles ne sont point comprises dans la Constitution décrétée pour le Royaume.*

Jamais la raison ne pourra concilier ces deux dispositions ; car le but de toute société est de procurer à ses membres des avantages communs et réciproques, de partager entre tous les mêmes droits et les mêmes charges, en un mot, de vivre sous les mêmes lois. Chaque fois qu'il se rencontre des obstacles pour remplir ce but, la société manque son objet.

Les Etats ne se maintiennent intégralement que par l'uniformité des lois. Leur division ne se reconnaît qu'à la différence de leur gouvernement.

Une autre disparate bien frappante qui se trouve consacrée dans le décret du 8 Mars 1790, c'est que le même article qui annonce aux Colonies qu'il leur faut une Constitution particulière, réduit le droit de ceux qu'elle doit régir à la manifestation de leur vœu, et le Corps législatif se réserve de LA DÉLIBÉRER ET DE LA DÉCRÉTER.

C'est certainement la première fois depuis que les hommes se sont livrés à l'étude des organisations sociales, qu'un pareil paradoxe a été mis en avant.

Que répondrait la France à une Puissance étrangère qui prétendrait faire la Constitution française? Elle lui objecterait, sans-doute, que, suivant les principes universels, *nul ne peut participer à la formation de la loi à laquelle il n'est pas assujetti.*

Eh bien ! ce que la France répondrait à cette Puissance, les Colonies ont le droit de lui répondre à elle-même, non pas qu'elles soient à son égard une Puissance absolument étrangère, mais parce qu'une même Constitution formant les seuls liens qui unissent les hommes en société, la seule déclaration que les Colonies doivent avoir une Constitution particulière, en est une suffisante ; que le droit de la faire ne peut appartenir et n'appartient qu'à elles seules.

La loi ne peut être faite que par ceux qu'elle oblige.

Mais ce n'est pas à cet égard seulement qu'on a maltraité les Colonies ; elles ont encore à se plaindre des fers dont le commerce les surcharge, et dont l'accroissement de leur culture souffre infiniment.

Les maux dont elles sont affligées ne sauraient être imputés qu'à l'adresse que leurs oppresseurs ont mise à cacher leurs monopoles.

Il est tems de faire connaître les erreurs de l'administration des Colonies, afin que les intérêts qui les lient à la France, soient parfaitement connus.

L'examen du Plan de Constitution envoyé à St.-Domingue, captivera, pour le moment, toute mon attention. Je laisse à mes compatriotes le soin de traiter les objets généraux qui doivent concourir à la félicité commune de la France et des Colonies.

CHAPITRE UNIQUE.

Des vices de la Constitution que l'Assemblée nationale envoie aux Colonies, sous le titre d'Instructions.

§. I.

Analyse du mot INSTRUCTION.

LE moyen de s'entendre parfaitement, est de convenir du sens qu'on doit attacher aux mots.

Combien de discussions ont fini par des divisions funestes, qu'une explication sur la valeur des mots aurait réduites à des dissertations, dont l'union et l'accord auraient été le résultat !

Il me paraît donc fort à-propos de prévenir toutes les objections de la bonne et de la mauvaise foi, de la franchise et de l'hypocrisie, en fixant irrévocablement la valeur de la dénomination D'INSTRUCTION, sous laquelle l'Assemblée nationale fait passer aux Colonies leur Constitution.

Sans cette précaution, ceux qui, sous les

B

dehors de la douleur et de la consternation, voyent au fond avec une joie perfide, les obstacles sans nombre qui s'opposent à la régénération des Colonies, parce qu'ils en conçoivent la coupable espérance que rien ne sera changé à l'ancien ordre des choses, pourraient, d'une seule observation qui paraîtrait spécieuse aux yeux de la bonne-foi, mettre mes réflexions sur le compte d'une peur panique, ou d'une habitude à trouver des dangers où il n'existe que des espérances, enfin du mal où il n'y a que du bien. Il leur suffirait peut-être de dire que la faculté laissée aux Colonies par l'Assemblée nationale, de mettre provisoirement à exécution les dispositions de l'instruction qu'elles croiront pouvoir leur convenir, annonce que cette instruction n'est pas obligatoire. Car la faculté d'adopter comprend implicitement celle de rejetter.

Voilà, ce me semble, la seule observation à laquelle il soit nécessaire de répondre.

En général, l'acception du mot INSTRUCTION n'est autre chose que l'indication de la conduite à tenir par ceux à qui on les adresse, et le plus ou moins d'obligation qu'elles imposent, dépend de l'autorité de la personne ou du corps qui les donne. Par exemple, un ami donne des instructions à son ami ; celui qui les reçoit, peut les suivre ou s'en écarter, sans que l'amitié déjà cimentée s'en offense ; mais un Roi envoie un Ambassadeur extraordinaire près d'une Cour étrangère ; les instructions qu'il lui donne sont certainement des lois dont l'infraction le rendrait criminel.

Cette dernière comparaison est, à mon avis, assez applicable à l'Assemblée nationale envers les Colonies ; et s'il m'est permis de recourir au passé, cette seule mesure que l'homme ait de juger de l'avenir, je prendrai pour exemple les instructions du 28 Mars 1790, qui, parvenues sous ce titre dans les Colonies, étaient néanmoins obligatoires, puisqu'elles ordonnaient, entr'autres choses, *que les Assemblées coloniales existantes seraient de nouveau confirmées*, et cette disposition fut littéralement exécutée par les ordres du Gouverneur général, qui en avait puisé le droit dans les instructions.

Elles accordaient au Gouverneur la sanction ; et pour y avoir mis des modifications que la grande distance du Corps législatif et les convenances locales commandaient, l'Assemblée générale de Saint-Domingue a paru coupable aux yeux de l'Assemblée nationale.

Ces instructions avaient donc force de loi ; et leur titre était un piége pour la bonne-foi.

Il est vrai que celles dont il s'agit, sont terminées par un décret qui paraît moins impératif que celui qui était à la fin des instructions du 28 Mars ; aussi cela se trouve-t-il bien compensé par la réserve qui a été faite le 15 Juin 1791, que la totalité des instructions *sera rapportée au Corps législatif, pour être soumise à sa délibération et à la sanction du Roi.*

Les Colonies ne sont donc pas assurées de pouvoir jouir même des dispositions qu'elles auront adoptées, puisqu'elles doivent être de nouveau soumises A LA DÉLIBÉRATION du corps législatif.

Elles ont, au contraire, la certitude qu'elles seront soumises à celles qu'elles auraient rejettées, parce que la même raison qui les aura fait écarter dans les Colonies, pour ne pas augmenter leur asservissement, en fera exiger l'exécution par l'Assemblée nationale, pour le maintien de son autorité.

Ces malheureuses contrées seront ainsi dans une telle dépendance, que, dans leur malheur, tout, jusqu'à la plainte, leur sera interdit.

Il est encore possible qu'on voye, dans

cette faculté laissée aux Colonies d'adopter dans les instructions, ce qui leur conviendra, une condescendance et une faveur caractéristiques du desir que l'Assemblée nationale a de ne soumettre les Colonies à aucune loi qui ne leur soit pas convenable.

Il est nécessaire, pour fixer l'opinion à ce sujet, de remonter aux promesses qui ont été faites aux Colonies, et aux droits qu'on leur a reconnus.

Le décret du 8 Mars, qui déclare formellement *que les Colonies ne sont pas comprises dans la Constitution décrétée pour le Royaume*, leur donne l'initiative, *sur la Constitution, la Législation et l'Administration qui conviennent le mieux à leur prospérité et au bonheur de leurs habitans.*

Il résulte bien évidemment de ces dispositions, que les Colonies, placées hors du cercle de la Constitution du Royaume, n'avaient à redouter aucune des innovations qui auraient pu leur être funestes ; comme aussi elles ne pouvaient espérer une révolution heureuse, qu'après qu'elles en auraient manifesté le desir et la volonté, c'est-à-dire, après qu'elles en auraient elles-mêmes formé le plan, qu'elles pouvaient d'autant plus se promettre de voir adop ter sans contradiction, que le décret du 8 Mars 1790, annonçait que l'Assemblée natio-nale *n'entendait pas les assujettir à des loix qui seraient incompatibles avec leurs conve-nances locales ou particulières.*

L'obligation que l'Assemblée nationale avait contractée était donc de ne rien décréter direc-tement ou indirectement sur les Colonies que sur leur vœu; cependant elle l'a très-souvent enfreinte (1), et elle croit ne pas la violer dans cette occasion, parce qu'elle ne décrétera dé-finitivement qu'après que les Colonies lui au-ront fait passer leurs observations. Mais cette forme est encore bien loin de remplir les pro-

(1) Toutes les dispositions des instructions du 28 Mars 1790, étaient autant d'infractions du droit d'initia-tive, solemnellement accordé aux Colonies le 8 du même mois. Le décret du 11 Novembre, qui les as-sujettit à la jurisdiction du Tribunal de cassation établi en France ; celui qui impose les droits sur les denrées coloniales à leur entrée dans le Royau-me ; celui du 13 Mai, qui change la dénomina-tion *d'esclaves*, en personnes non *libres ;* celui du 15 Mai, qui tranche sur la question des hommes de couleur, sont également des infractions du droit d'initiative, puisque toutes ces lois ont été rendues sans que les Colonies en aient manifesté le vœu.

messes faites aux Colonies ; car l'initiative sup-
posait certainement, qu'avant tout, les Colonies devaient demander, et qu'ensuite le Corps
législatif devait décréter conformément à leurs
demandes.

Voilà comment les Colonies ont toujours
entendu et dû entendre qu'elles seraient régies. Jamais elles n'ont pu croire que, sans être
consultées, elles seraient assujetties à aucune
partie de la Constitution du Royaume, dans
laquelle on leur avait annoncé qu'elles n'étaient
point comprises.

Jamais elles n'ont pu avoir sujet de craindre
que leur Constitution particulière serait faite
sans leur concours, et que des décrets ou des
instructions viendraient au-devant de l'initiative, dont le plus beau des attributs est la
spontanéité.

Tous les décrets qui ont été rendus sur les
Colonies, et les instructions qu'on leur en-
voye, sont donc également des infractions
aux droits qui leur ont été concédés, qui,
quoique bien inférieurs à ceux qu'elles ont reçus
de la nature, étaient au moins une espèce de
sauve-garde contre les conspirations de tout
genre auxquelles elles sont en butte.

Je considère dans ces Instructions deux espèces de dispositions; celles relatives à quelques points de police intérieure, sur lesquels je ne m'arrêterai pas, parce qu'indifférens en eux-mêmes, l'Assemblée nationale en laissera le sort aux Colonies.

Il en est d'une autre espèce, sur lesquelles il ne sera pas aussi facile de s'arranger, parce que l'Assemblée nationale les regarde comme essentielles à la conservation des Colonies pour la France, et que, sous prétexte de former ces liens, elles constituent complettement le despotisme et la tyrannie.

Ces dispositions sont relatives aux fonctions du Gouvernement et à celles de l'Assemblée coloniale. C'est sur celles-là que porteront particulièrement mes réflexions.

La Colonie de Saint-Domingue fait partie de l'Empire français. Tit. 1.er art. 1.er . 2.

. II. *INCONSÉQUENCE de cet Article.*

Si la Colonie de St.-Domingue fait partie de l'Empire français, pourquoi ne jouit-elle donc pas des mêmes droits dont tous les sujets de l'empire jouissent ? Pourquoi la loi qui a détruit les différentes lignes de bureaux placées

dans

dans l'intérieur du Royaume, pour n'en laisser
subsister qu'une seule sur les frontières, n'a-
t-elle pas enclavé St.-Domingue ? Pourquoi,
lorsqu'une communication libre s'est établie
entre tous les citoyens de la France, ne s'est-
elle pas étendue sur ceux qui habitent les Colonies, puisqu'ils sont également Français ?
Pourquoi la loi qui ordonne qu'il ne sera désormais perçu aucun droit que sur les marchandises qui viennent de l'étranger, ou qui
y sont destinées, a-t-elle été nulle pour la
Colonie de St.-Domingue, puisqu'elle fait partie
de l'Empire français ? Pourquoi, au contraire,
un décret bien formel, rendu sans avoir con-
sulté les Colonies, impose-t-il leurs denrées à
l'entrée du Royaume, à des droits bien plus
forts, (quoi qu'on en ait voulu dire) que ceux
de l'ancien régime ? Pourquoi les taffias, les
syrops venant des Colonies, sont-ils grevés
d'un droit exorbitant à l'entrée du Royaume ?
(1) Pourquoi est-il défendu aux Colonies d'a-

---

(1) On dit, pour justifier cet impôt prohibitif, que
l'admission des taffias nuit au débit et à la consom-
mation des eaux-de-vie de France : mais un département peut-il imposer des droits à l'introduction dans
l'étendue de son territoire, sur les denrées du département voisin, sous prétexte qu'elles rendraient les den-

voir avec l'étranger les mêmes rapports, les mêmes communications qui sont permis à tous les Français ? Pourquoi les Négocians des ports de mer de France ont-ils le privilége exclusif de transporter à l'étranger les denrées coloniales ? Pourquoi eux seuls peuvent-ils recevoir de l'étranger une infinité de marchandises, tandis que cette faculté est interdite aux Colons, qui font pourtant partie de l'Empire français ? Pourquoi enfin, lorsque le 8 Mars 1790, on leur a promis de les faire jouir des fruits de l'heureuse régénération qui s'est opérée en France ; leur condition en est-elle devenue plus aggravante et plus vexatoire que sous l'ancien régime ?

Il est difficile de répondre à ces questions autrement que par des sophismes : ce sont les meilleurs argumens que fournisse la nécessité de tirer des conséquences d'un faux principe.

Si au lieu d'avoir dit que les Colonies font partie de l'Empire français, on avait consacré

---

rées locales plus difficiles à débiter ? Non. La circulation de toutes les productions territoriales et industrielles est permise dans toutes les parties du royaume. Si les Colonies sont exceptées, on les traite comme une Nation étrangère. ELLES NE FONT DONC PAS PARTIE DE LA FRANCE?

le principe vrai qu'elles n'en sont et ne peuvent en être que des alliées, on se serait trouvé parfaitement à son aise pour toutes les institutions fiscales ; COMMERCIALES *et locales*.

*Les lois et réglemens sur le régime intérieur, c'est-à-dire, ceux qui concernent la Colonie, indépendamment et séparément de ses rapports de commerce et de protection avec la Métropole, seront proposés par l'Assemblée coloniale, et pourront être exécutés provisoirement avec l'approbation du Gouverneur, etc. et seront soumis à la délibération du Corps législatif et à la sanction du Roi. Tit. 4, §. 1.*er*, art. 5 des Instructions.*

Cet article prépare à lui seul à la Colonie de St.-Domingue plus de vexations qu'elle n'en éprouva jamais, et un danger inévitable de voir tout le systême colonial s'écrouler et faire place à des principes admirables pour tous les pays où rien ne doit gêner l'exercice de la liberté, mais destructeurs pour les Colonies, dont la conservation des instrumens principaux de l'agriculture repose sur la servitude.

Je diviserai l'examen de cet article en deux parties.

La première, développera le danger, le ridicule et l'injustice d'investir le Gouverneur seul du droit de sanction ou d'approbation.

La seconde, traitera de l'impossibilité de conserver les Colonies, en soumettant de nouveau à la délibération de l'Assemblée nationale les lois locales qui auront été rendues, et qui seront déjà en exécution.

§. I I I.

La Sanction est le soutien de la Constitution.

La Sanction est sans aucun doute un contrepoids nécessaire, j'ose même dire indispensable, dans toutes les constitutions.

En général, pour ne pas dire toujours, l'ardeur, le desir des nouveautés, les passions s'établissent au sein des Assemblées électives. La loi destinée à embrasser les siècles, devient très-souvent l'effet des circonstances passagères. L'esprit de parti influe aussi beaucoup sur le grand ouvrage des lois. L'homme dont l'âme est le dépôt de l'ambition, de la haine et de la vengeance, et qui couvre toutes ses passions du voile de l'hypocrisie, trouve dans les Assemblées mille moyens, mille occasions de les satisfaire. Il n'est que trop fréquent de voir des délibérations faites pour l'avantage de tous n'être effectivement que le produit des combinaisons particulières.

Une éloquence persuasive fait souvent prendre ses moyens pour des principes.

Le choc des opinions produit, dit-on, la lumière ; il serait également vrai de dire qu'il produit aussi l'entêtement et l'opiniâtreté, car tout homme attache un prix à son opinion, et c'est l'amour-propre, l'intérêt ou tout autre agent qui en fixent la valeur.

Quelque modeste, quelque vertueux que l'on soit, on n'est jamais indifférent sur le sort d'une délibération dans laquelle on a donné son avis. On est bien aise d'y influer, et on sent toujours au fond de son ame une sensation dont la douceur est proportionnée à la part que l'on y a eue ; enfin, la franchise et l'honneur commencent le combat, l'orgueil et la vanité le finissent.

Dans cette lutte de l'esprit contre la raison, de l'intérêt particulier contre l'intérêt général, le desir du succès rend l'ame inaccessible à tout autre sentiment. On est l'apologiste de la loi pour laquelle on a voté, comme on devient l'ennemi déclaré de celle qui a passé contre son opinion.

En rapprochant ces inconvéniens inhérens à

la nature de l'homme, comme à tous les Corps délibérans, de l'importance d'une Constitution stable, on sentira facilement la nécessité d'un régulateur qui dirige les mouvemens de la machine politique, et qui la garantisse de ces secousses violentes qui la mettent en danger.

Une autre considération non moins importante, qui milite en faveur de la puissance tribunitienne, c'est la propension naturelle qu'ont les différens Pouvoirs d'empiéter les uns sur les autres.

L'autorité est expansive; quiconque l'a en main, cherche continuellement à l'étendre; et sans une jalousie salutaire de surveillance réciproque, l'envahissement est infaillible.

Si la loi n'avait pour garant de sa bonté, que la volonté de celui qui l'a faite, elle deviendrait bientôt oppressive; et si celui à qui l'exécution en est déférée n'était surveillé par le Législateur, elle serait l'instrument de sa tyrannie.

« Par-tout où le Pouvoir exécutif est bien distinct et séparé du Pouvoir législatif, chacun de ces Pouvoirs doit avoir le *véto* sur l'autre, et exercer ainsi chacun la puissance tribunitienne; l'un pour qu'il ne soit pas réduit à exécuter ce qui lui paraîtrait dangereux, et ce qu'il exécuterait mal; l'autre, pour qu'il se garan-

tisse des piéges que les agens du Pouvoir exécutif ne manqueront guères de lui dresser.

» Les Anglais qui ont donné une si grande
autorité à l'Assemblée de leurs Députés, l'ont
cependant soumise au *véto* absolu de deux autres Pouvoirs. Ils ont pensé que le *véto* devait
naturellement appartenir au Pouvoir exécutif,
puisqu'il n'exécuterait bien que les lois auxquelles
il aurait consenti (1).

Tous ces grands motifs prouvent évidemment
qu'il est utile, qu'il est indispensable de donner à la loi ce moyen épuratoire des vices
dont elle pourrait être infectée.

La meilleure sauve-garde des lois est de mettre
les législatures dans l'heureuse impuissance de
renverser ou d'altérer, selon les passions, les
caprices ou les intérêts de leurs Membres, l'ouvrage du Pouvoir constituant.

Une Constitution versatile est le plus grand
fléau de la liberté politique; rien ne tend plus
à compromettre la sûreté de chaque citoyen,
en l'entretenant dans l'ignorance de ses devoirs,
que le changement inconsidéré des bases de ses
lois.

____

(1) Supplément au Contrat Social.

§. IV. *La Constitution coloniale ne peut pas être assujettie à la sanction ni à l'approbation du Gouverneur.*

En convenant de la vérité du principe, je suis bien éloigné de convenir de l'efficacité du moyen proposé par les instructions : je pense, au contraire, qu'il n'en existe pas qui puisse moins remplir l'objet desiré.

Il faut, avant tout, distinguer deux époques; celle où l'on se constitue, et celle où la constitution est faite.

Pendant la première, toute sanction est inutile et même dangereuse : l'Assemblée nationale en a été tellement convaincue, qu'elle a distingué dans la Constitution du Royaume, les actes constitutionnels d'avec les actes législatifs, ou purement réglementaires. Les premiers n'ont eu besoin que d'être présentés à l'acceptation du Roi, qui ne pouvait pas la refuser; et cela est d'autant plus fondé en droit et en raison, que si tous les actes du Corps constituant avaient été soumis à la libre sanction du Roi, le droit de se constituer qui appartient à tout Peuple, aurait été soumis à la volonté d'un seul. Ainsi, la Constitution aurait été par

le

le Roi, au lieu que le Roi n'est que par la Constitution.

Il est bien difficile de concilier avec les grands principes de sagesse et de bonté annoncés, et dans la lettre de l'Assemblée nationale aux Colons de St.-Domingue, en date du 30 Mars 1790, et dans les instructions du 28 du même mois, l'exception funeste que l'Assemblée nationale fait dans son décret du 15 Juin dernier à l'égard des Colonies.

Elle les prive de la faveur des principes qu'elle a consacrés pour la France; car elle assujettit, dans les Colonies, tous les actes, constitutionnels ou non, à l'approbation du Gouverneur, même les parties de l'instruction délibérée par elle-même, que les Assemblées coloniales adopteront.

Il est donc bien vrai que les Colonies ne pourront se constituer sans l'aveu, sans le consentement formel du Gouverneur!

Elles gémissent depuis que la France leur a imposé des lois sous un joug dont le poids a suivi la progression du despotisme, de la cupidité et de toutes les passions; et leurs maux ne sont pas prêts de finir!

Le fatal système sous les auspices duquel la régénération se présente aux Colonies, bien

loin de rendre leur condition meilleure, les ré-
duirait au contraire, si ces dispositions étaient
suivies, à regretter, toute vicieuse, toute tyrannique qu'elle était, l'ancienne forme de leur
gouvernement ; car le gouvernement le plus
mauvais est toujours préférable à l'anarchie ;
et la marche que l'Assemblée nationale prescrit
aux Colonies y conduit infailliblement, puisque,
d'un côté, elle leur donne le droit de se donner
une Constitution, qui a pour objet d'anéantir
le pouvoir arbitraire, et de subordonner toutes
les autorités à la loi ; de l'autre, elle confère
aux dépositaires de ce même pouvoir arbitraire
et de ces mêmes autorités oppressives, le droit
de s'y opposer.

La régénération ne peut donc pas s'effectuer
dans les Colonies, sans le concours des Gouverneurs, sur lesquels précisément toutes les
réformes doivent frapper ; car il s'agit de di-
viser et de répartir, sous les auspices de la loi,
tous les pouvoirs qui sont confondus dans leurs
mains !

N'est-ce pas là le germe d'une guerre intes-
tine ? Etait-il de plus sûr moyen de perpétuer
cette coalition si naturelle des Gouverneurs et
de tous leurs suppôts, dont l'administration, et

les tribunaux sont remplis, contre la classe des habitans intéressés à faire régner la loi ?

On veut faire jouir les Colonies des heureux fruits de la régénération ! On veut les affranchir du despotisme ! mais il faut qu'elles aient le consentement des despotes ! Est-ce là la marche monstrueuse qu'on a suivie en France ? Eh ! pourquoi ne veut-on pas que les Colonies, placées à cet égard dans la même hypothèse que la France, jouissent des mêmes avantages ? Quelle est la raison qui ayant forcé l'acceptation du Roi pour les décrets constitutionnels, les laisserait dans les Colonies à la discrétion des Gouverneurs ?

Mais je vais, sans doute, trop loin, et je reproche à l'Assemblée nationale un acte d'injustice envers les Colonies auquel elle leur a donné les moyens de se soustraire. Le décret du 15 Juin 1791, qui est à la suite de l'instruction, laisse aux Colonies la faculté d'adopter dans les décrets de l'Assemblée nationale, les parties qu'elles croiront convenir à leurs localités ; or, dans ces décrets, on trouve que le Roi ne peut refuser son acceptation aux lois constitutionnelles. Ainsi, en plaçant les Gouverneurs au niveau du Roi, il résulterait toujours que leur approbation n'est applicable qu'aux actes purement réglementaires.

Présumer que l'Assemblée nationale ait voulu assujettir les Colonies, à l'égard de leur Gouverneur, à des formalités dont elle s'est affranchie à l'égard du Roi, c'est la supposer injuste, c'est la supposer tyrannique ; c'est supposer l'impossible.

Après avoir, je crois, démontré que l'approbation ou la sanction des Gouverneurs ne peut porter sur aucune partie fondamentale de la Constitution intérieure des Colonies, il reste à examiner comment elle doit être exercée pour les lois réglementaires.

§. V. *Moyens de rendre l'approbation des Gouverneurs toujours utile, & d'empêcher qu'elle ne soit jamais nuisible.*

Cette approbation a certainement pour objet de prévenir les funestes effets d'une mauvaise loi. Cela suppose dans celui qui est chargé de cet examen, une connaissance bien étendue de la législation universelle et de la législation particulière des Colonies ; car, pour juger sainement et subitement de la bonté ou du vice d'une loi, il faut réunir sous un seul point de vue tous ses rapports avec les principes généraux, et avec les convenances locales.

Il faudrait que la sagesse de Platon fût réunie à la science de tous les publicistes et à l'expérience des plus vieux habitans aes Co- lonies.

On est bien loin de pouvoir espérer de trouver toutes ces grandes qualités dans un Gouverneur. Je veux que son âme brave tous les écueils de l'ambition dont les Colonies sont hérissées ; je veux que la pureté de son cœur soit le ga- rant de ses intentions ; mais toutes les vertus possibles ne donnent pas les connaissances qui pourraient à peine s'acquérir en un siecle d'é- tude et d'expérience.

On nomme toujours au gouvernement des Colonies des vieux militaires, dont le courage et la bravoure sont connus. Il est naturel qu'on les prenne dans cette classe, parce que leurs fonctions principales sont de procurer aux Colonies une défense et une protection qui doivent être le résultat de la combinaison des forces qu'ils sont chargés de diriger.

Le terme de leur mission est de trois ans.

C'est prouver en deux mots que les connais- sances théoriques et locales, indispensables à un Gouverneur décoré des nouveaux attributs, ne peuvent se réunir dans le même homme, à moins que le ciel ne prenne l'engagement formel de dispenser la classe des Gouverneurs des Colonies de l'étude et de l'application dont les autres hommes ont besoin, pour bien connaître le systême et le méchanisme des lois, et ce qui est plus difficile encore, leur influence sur une population et sur des mœurs qui ont des caractères particuliers si difficiles à saisir, qu'ils échappent souvent aux observations les plus profondes.

Dans le fait, le droit important de vivifier ou de paralyser la loi, ne peut être commis à celui dont la profession et le séjour éphémère dans les Colonies sont des titres d'exclusion.

Que les partisans de cette désastreuse innovation ne viennent pas opposer l'exemple du Roi, qui seul, dans la Constitution française, a le droit d'arrêter la loi.

D'abord, le Roi est dans le Royaume un tout autre personnage que ne sont les Gouverneurs dans les Colonies.

Ses droits, ses prérogatives ne sauraient être mis en parallèle.

On vient de reconnaître dans le Roi deux caractères parfaitement distincts.

1°. Celui de Représentant constitutionnel de la Nation, par la raison qu'il a le droit de consentir et de vouloir que les nouvelles lois du Corps législatif soient immédiatement exécutées , sans être sujettes à une suspension ; et c'est à cette grande prérogative, uniquement inhérente à la couronne, que l'inviolabilité de sa personne est dûe, parce qu'on a cru nécessaire pour la Nation, que celui qui veut pour elle, soit inviolable, afin que sa volonté soit parfaitement libre.

2°. Celui de fonctionnaire public, comme chef du Pouvoir exécutif, et responsable, sous cet aspect, en la personne de ses Ministres.

La Constitution qui lui a délégué le droit de sanctionner, lui fournit donc aussi les moyens d'apprécier sur-le-champ la loi qui lui est présentée ; car la responsabilité intéresse les Ministres à faire connaître franchement les avantages ou les inconvéniens possibles par l'exécution de la loi.

L'inviolabilité facilite le bien ; la responsabilité des Ministres empêche le mal.

Sans cette heureuse combinaison, le contrepoids nécessaire à toute Constitution aurait été établi, ou par la division de l'Assemblée nationale en deux Chambres, l'une essentiellement destinée à proposer et à discuter, l'autre à examiner et délibérer ; ou par la formation d'un Conseil présidé par le Roi, spécialement chargé de sanctionner les lois et d'en suivre l'exécution.

Tous les examens possibles ne feront qu'ajouter à la certitude que ce dernier moyen est le seul qu'on puisse adopter à Saint-Domingue, pour concilier les desirs de l'Assemblée nationale sur cet article, avec l'intérêt particulier de la Colonie, c'est-à-dire, de donner un Conseil au Gouverneur.

Comme il s'en faut beaucoup que les Constitutions les plus compliquées soient les meilleures, je pense que la simplicité de leur méchanisme est à tous égards préférable, principalement dans les Colonies, où tout déplacement est également nuisible à la santé et à la fortune, où il est plus à-propos que par-tout ailleurs, de réduire au plus petit nombre possible les individus que la confiance investira du soin de la chose publique. En conséquence, je proposerai que le Conseil de Sanction soit à-peu-près organisé ainsi qu'il suit.

Organisation du Conseil de Sanction.

ARTICLE I.

Il sera formé à Saint-Domingue un Conseil dépositaire de la faculté d'approuver ou de rejetter

jetter provisoirement les lois locales faites par l'Assemblée générale de la Colonie, lesquelles ne pourront être définitives qu'après la sanction du Roi.

I I.

Ce Conseil sera composé de sept Membres pendant la tenue de l'Assemblée coloniale, et de trois dans les interstices.

I I I.

Le Gouverneur de la Colonie sera Président-né de ce Conseil.

I V.

Chaque Assemblée coloniale entrant en exercice, nommera au scrutin les autres six Membres dont ce Conseil devra être composé : elle aura la faculté de les choisir dans son sein, ou dans le cercle des citoyens actifs éligibles aux Assemblées coloniales (1).

----

(1) On m'a observé qu'il serait plus convenable de laisser tous les Membres du Conseil de Sanction au choix du Gouverneur. J'y conséns, pourvu qu'il ne puisse les prendre que dans la classe des propriétaires qui auront au moins dix ans de résidence dans les Colonies.

E

V.

Au moment où l'Assemblée coloniale se séparera, et que la Commission intermédiaire devra entrer en exercice, le nombre des Membres du Conseil de Sanction devant être réduit à trois, elle procédera à la nomination, par la voie du scrutin, des deux Membres à adjoindre au Gouverneur, et ce nouveau choix pourra être fait parmi les Membres de l'Assemblée générale, soit parmi ceux qui composaient déja le Conseil de Sanction, soit enfin indistinctement parmi les citoyens éligibles de la Colonie, etc. etc. (1).

Cet établissement remplira à-la-fois deux objets très-intéressans.

Le premier, de conserver au Pouvoir exécutif les moyens de faire connaître les obstacles qui pourraient s'opposer à l'exécution de la loi projettée.

Le second, de soumettre l'examen de la loi à des personnes dont l'élection, l'expérience et l'intérêt garantiront la sagesse des résolutions.

De cette manière, la Constitution sera effi-

---

(1) Même observation qu'à l'article précédent,

eacement défendue et contre les invasions dés Assemblées colonial s , et contre les entreprises des agens du Pouvoir exécutif.

§. V. *Impossibilité de conserver les Colonies, en soumettant de nouveau la loi locale à la délibération de l'Assemblée nationale* (1).

Soumettre une loi faite dans les Colonies, et qui y est déjà exécutée, à la délibération

---

(1) L'article de l'instruction qui contient cette disposition, avait été vivement débattu , lorsque le Comité Colonial s'occupait de cet ouvrage , concurremment avec tous les Colons qui avaient jugé à-propos d'en suivre les séances.

Les Colons prétendaient que les lois intérieures faites dans les Colonies devaient être définitives ; le Comité Colonial craignait que cela ne portât atteinte à la majesté , aux droits , à la souveraineté de l'Assemblée nationale. Il finit pourtant par être convaincu que la nécessité de conserver les Colonies devait céder à toute autre considération, et que le seul moyen d'assurer leur propriété , était de les laisser se régir elles-mêmes , ainsi qu'elles aviseraient ; on ajouta seulement que les lois locales seraient faites sous LA SURVEIL-LANCE de l'Assemblée nationale, ce qui diffère infiniment d'une nouvelle DÉLIBÉRATION.

Il est bon que l'on sache comment cette disposition a été changée.

On sait que les Comités d'Agriculture et de Comdu Corps législatif de France, c'est évidemment dire qu'on renonce aux Colonies, et qu'on a juré leur destruction.

---

merce, de Marine et de Constitution, avaient été réunis par l'Assemblée nationale au Comité Colonial, pour examiner cette instruction, et la présenter ensuite à l'Assemblée Nationale. Les quatre Comités réunis jugèrent à-propos de faire prononcer, avant tout, sur la question des hommes de couleur : ils présentèrent à cet effet, le 7 Mai dernier, un projet de décret, auquel les principes de l'Assemblée nationale firent substituer celui du 15 Mai. Cet échec jeta tous les Membres de ces différens Comités dans le plus grand découragement : éclairés par la discussion qui avait eu lieu dans les Comités réunis, chacun d'eux prévoyait les malheurs dont cette loi funeste pourrait être la suite. Dès-lors la totalité de l'instruction fut abandonnée ; personne ne s'en occupa. M. Barnave donna, comme il l'a déclaré dans la séance de l'Assemblée nationale du 23 Août, sa démission de Membre du Comité des Colonies. Il était en effet difficile d'élever l'édifice de la Constitution coloniale sur des bases qu'on avait renversées. Cependant, l'Assemblée nationale ne cessait de demander que ce travail lui fût présenté. Ses ordres ne purent faire réunir dans les Comités que très-peu de Membres, et on peut dire que MM. Begoüen, Négociant du Hâvre, Fermont et le Gendre ont été les seuls qui aient constamment suivi cette besogne ; c'est donc eux qui y ont fait tous les changemens qu'on y reconnaît.

En effet, qui peut calculer les suites des boule-versemens que doit causer l'abrogation d'une loi dont l'expérience aura prouvé la bonté? Cette abrogation aura cependant lieu, chaque fois que la loi paraîtra contraire ou aux principes du Corps législatif du Royaume, ou aux intérêts des Négocians, qui ne manqueront pas, selon leur coutume, de profaner l'invocation de l'Etat, dont ils voileront leur avidité particulière.

Je passe aux exemples.

Les plus saillans sont :

1°. La substitution de la DÉLIBÉRATION à la SURVEILLANCE.

2°. La suppression totale de l'organisation d'un Tribunal de Cassation, que le Comité Colonial avait consenti à proposer pour Saint-Domingue.

3°. Le rétablissement de l'article XVI du titre V, relatif à la jurisdiction de l'Assemblée nationale sur une partie ou la totalité des Membres de l'Assemblée coloniale, que M. Barnave avait consenti à supprimer.

L'adhésion des Membres de la ci-devant Assemblée générale de Saint-Domingue, portait sur les instructions telles qu'elles avaient été arrêtées dans le Comité Colonial, avec le concours des Colons, etc. et non pas telles qu'elles ont été présentées à l'Assemblée nationale.

1°. Supposons que la France manque de grains : cette disette rend les approvisionnemens de la Colonie, par la Métropole, nuls ou insuffisans. La pénurie bien constatée sur les lieux, les Ports sont ouverts aux étrangers, pour l'introduction des subsistances. Cette loi soumise à la délibération de l'Assemblée nationale, trouve en France autant d'antagonistes qu'il y a de Négocians. Les adresses des Chambres de commerce arrivent en foule : elles ne disent pas que les Négocians voyent avec déchirement la privation des impôts que leur avidité a l'habitude de proportionner à l'urgence des besoins. Mais le cri général est, que la disette dans les Colonies est exagérée ; que la France pouvait y pourvoir ; que les précautions pour empêcher l'importation des objets étrangers aux subsistances, et pour l'exportation des denrées, ont été négligées ; enfin que le commerce de la Métropole est ruiné , et que les Colonies visent à L'INDÉPENDANCE.

Ces rapsodies seront soutenues par le nombreux Comité des Députés extraordinaires des manufactures et du commerce, par cette sentinelle de la cupidité. La loi, commandée par la nécessité, sera abolie ; et les Colonies, livrées à la famine, se trouveront entre les dangers de l'insurrection d'une population affamée, et la résistance à une décision mortifère.

2°. L'intérêt de l'agriculture et celui des familles exigent qu'on prononce sur la question de savoir si les Nègres, dans tel ou tel cas, doivent être considérés comme meubles ou immeubles.

L'Assemblée nationale peut-elle délibérer sur cette question ?

3°. La rapacité du créancier et la mauvaise foi du débiteur, peuvent nécessiter une loi qui statue sur les formalités à observer pour la saisie des Nègres et la distribution du produit de leur vente.

Est-il possible à l'Assemblée nationale de couronner cette loi par sa délibération ?

4°. La tranquillité publique, la sûreté intérieure de la Colonie, demandent une loi sur la chasse des Nègres marrons.

Peut-on espérer que l'Assemblée nationale, liée par ses principes, approuve cette loi ?

5°. Il devient nécessaire de statuer sur les conditions à remplir pour les affranchissemens: l'Assemblée générale fait une loi à cet égard.

Doit-on s'attendre à la voir ratifiée par une nouvelle délibération du corps législatif?

Si l'Assemblée nationale veut se réserver de délibérer de nouveau sur toutes les lois qui seront rendues pour l'intérieur de Saint-Domingue, elle doit renoncer à soutenir que *tous les hommes naissent libres et demeurent égaux en droits*. Ce principe est inapplicable aux Colonies.

Il faut qu'elle renonce auſſi à tous les principes qu'elle a consacrés, et qui font la base de ses travaux.

Il faut qu'elle désavoue que la loi eſt le résultat de la combinaison des mœurs, du climat, des productions, des habitudes du Peuple pour lequel elle est faite ; puisque, sans connaître aucun de ces rapports, elle veut se réserver de nouveau la délibération.

Il faut qu'elle foule aux pieds ce principe sacré du droit public et de la raison, que *nul ne peut concourir à la formation d'une loi à laquelle il ne doit pas obéissance.*

Car la loi faite pour l'intérieur de Saint-Domingue n'assujettit que les seuls Colons qui vivent à Saint-Domingue ; elle n'atteint pas du tout aucun individu vivant hors de la Colonie. Il n'y a donc que ceux qui y résident qui puissent concourir à sa formation (1).

----

(1) Dans le tems où le Roi était Législateur universel de l'Empire, l'éloignement des Colonies le forçait à

Le

Si le Négociant voit dans ce système des vues d'indépendance, je lui répondrai que dans le

<hr>

y faire exercer en son nom la législation intérieure. C'était là l'objet principal des fonctions de deux Administrateurs.

A cette forme de gouvernement on en substitue une autre, qui a pour base des principes nouveaux.

Le Peuple français dépouille le Roi de la puissance législative, et s'en investit.

Ses Représentans font la Constitution du Royaume, et les Colonies n'y sont point comprises; on déclare au contraire, qu'il leur faut une Constitution parti-culiere: eh! on hésite à reconnaître que le droit de la faire appartient à ceux qu'elle doit régir!

Si le principe, que *la souveraineté réside dans le Peuple*, est incontestable pour la France, il ne l'est pas moins pour les Colonies. Les droits du Peuple n'empruntent pas leur caractère des lieux, des tems, ni des circonstances: ils sont les mêmes par-tout; et à toutes les époques, les Français d'outre-mer ont les mêmes droits que ceux du continent. Leur expatriation, leurs travaux, les dangers et les vexations de tout genre auxquels ils sont sans cesse exposés, rend l'exercice des droits politiques plus précieux, plus nécessaires.

Si le Peuple français disait aux Colonies : « Il me » fallait une Constitution; je l'ai faite moi-même, » parce que *ceux-là seulement qui doivent obéir à la* » *loi, doivent la faire ou la consentir ;* j'ai reconnu

F

systême contraire, je vois le règne de la tyrannie et la destruction de la Colonie.

Aucune considération au monde ne peut m'en-
pêcher de publier ces réflexions. Trop heureux
si, ramenant toutes choses aux vrais principes,
elles peuvent à-la-fois concourir à cimenter
l'union des Colonies à la Métropole!

§ VI. *Ce qu'on entend par* RÉGIME INTÉRIEUR.

Cette dénomination dont on s'est servi jusqu'à-présent pour désigner l'ensemble des lois
purement locales, a porté ombrage sur-tout
aux Négocians des ports de mer, toujours faciles
à s'effaroucher. Ils ont craint que dans le RÉ-
GIME INTÉRIEUR, ne se trouvât implicitement
le droit de les assujettir à des lois dont leur
avidité ne s'accommoderait pas. On a eu beau
les rassurer, on a eu beau leur démontrer qu'il
n'était ni ne pouvait être question, dans le RÉ-

____

» qu'il vous fallait une Constitution particulière, à la-
» quelle vous seuls devrez obéir; et je veux la faire
» aussi; vous me ferez connaître votre vœu, que je
» suivrai ou que je ne suivrai pas; mais enfin, la loi
» vous viendra de moi, qui n'y serai point assujetti »;
ne reconnaîtrait-on pas à ce langage tous les traits de
la tyrannie, de l'oppression? Eh bien! si la France ne
parle pas de même, c'est ainsi qu'elle agit.

GIME INTÉRIEUR, d'aucune loi relative aux rapports communs, mais seulement de celles qui ne peuvent être faites ailleurs que dans les Colonies, sans qu'elles ne soient à jamais sous le coup des dangers, dont ceux que présente le décret du 15 Mai ne sont que les préliminaires ; sourds à toute autre voix qu'à celle de leurs intérêts, ils ont continuellement résisté à la force de l'évidence.

Leur conduite prouve parfaitement que les Colonies ne leur sont précieuses, qu'autant que la manière avec laquelle ils ont traité et traitent encore avec elles, n'éprouvera aucun changement.

Que les mêmes gênes, que les mêmes prohibitions, que les mêmes fraudes, que les mêmes monopoles se perpétuent, et leurs vœux seront remplis !

Que les productions coloniales continuent à alimenter le luxe qu'ils étalent ; qu'ils puissent exagérer les sommes qui leur sont dûes ; que, sous prétexte de les recouvrer, ils obtiennent les moyens de perpétuer, les vexations ; qu'ils outragent à leur aise les Colons ; qu'ils s'en disent les dupes, tandis qu'ils en sont les tyrans, et on les verra s'épanouir à la vue des lois qui consacreront toutes ces horreurs !

Heureusement que le prestige ne saurait être

durable; l'erreur ne peut long-tems supporter le grand jour. La France ne tardera pas à se ramener aux vrais principes. On saura bientôt que l'influence qu'on accorde aux Négocians dans les opérations politiques, ne peut être que funeste à l'intérêt de l'Etat, qui est toujours diamétralement opposé à celui du Négociant.

En effet, l'intérêt de l'Etat est de n'avoir besoin de rien, de se suffire à lui-même : l'intérêt du Négociant est que l'Etat manque de tout, afin que les bénéfices dans ce qu'il aura à lui fournir soient plus considérables.

L'intérêt de l'Etat est de vendre le plus cher possible ses productions ; l'intérêt du Négociant est de les acheter au meilleur marché.

L'intérêt de l'Etat est d'acheter ce qui lui manque au plus bas prix ; l'intérêt du Négociant est de le vendre le plus cher possible.

Ces vérités fondamentales auraient besoin d'un développement que les bornes que je me suis prescrites ici ne permettent pas.

Je reviens à mon sujet.

Il s'agit de définir le RÉGIME INTÉRIEUR et d'interpeller tous ses détracteurs, d'indiquer la partie qu'ils croiront blesser les rapports politiques ou commerciaux des Colonies avec la France.

Je divise d'abord le RÉGIME INTÉRIEUR en systême colonial, qui comprend l'état des personnes dans l'acceptation des Colonies, et la sûreté intérieure, et en lois indifférentes à la Métropole, et qui n'assujettissent aucunement que les Colonies.

SYSTÊME COLONIAL.

Etat des Personnes dans l'acception des Colonies.

Marronage.
Affranchissement.
Sort des Nègres dans les successions.
Saisies des Nègres.
Délits des Nègres.
Payement des Nègres suppliciés.
Mariage des esclaves.
Location des Nègres.

SURETÉ INTÉRIEURE.

Organisation des Assemblées primaires & coloniales.
Limites de la liberté de la presse.
Lois sur les débarquemens.
Lois sur les fonctions du Clergé.
Prohibition des écrits tendans à détruire le systême colonial.
Fonctions des Maréchaussées.

Des Municipalités sur les esclaves.
Vente des armes à feu et autres.

Lois indifférentes à la Métropole, qui n'assujettissent que les Colonies.

Lois sur les départs pour la France.
Plantations de vivres.
Accaparemens.
Étalonnement des poids et mesures.
Approvisionnemens en comestibles.
Cabotage.
Police des embarcadaires.
Pacotilleurs.
Établissemens et régime des hôpitaux.
Lois forestières.
Lois sur les chemins.
Régie des postes.
Lettres venant par mer.
Tarif des Notaires, Arpenteurs, Huissiers, etc.
Concession des terres.
Limites des paroisses.
Distribution des eaux.
Levées.
Redressement des rivières.
Bacs.
Faculté de s'imposer pour les travaux publics, et institutions coloniales.

Finances coloniales,
Education publique.
Incendies.
Congés des Fonctionnaires publics.
Surveillance générale.

?. VII. *Responsabilité du Gouverneur.*

L'art. 22 du tit. 6 des instructions porte, que le Gouverneur sera responsable, suivant les lois générales qui sont décrétées sur la responsabilité des agens du Pouvoir exécutif, de toutes les infractions aux lois, aux ordres et aux instructions qui lui auront été données ; des attentats contre la liberté et la sûreté générale et individuelle dont il pourrait se rendre coupable ; mais ne pourra être jugé criminellement, ou poursuivi en réparation civile à raison de ses fonctions, que d'après un décret du Corps législatif, auquel seront adressées les plaintes formées contre lui.

En rapprochant cet article de celui qui prescrit la manière de faire agir la force publique, on conviendra sans peine, que jamais l'Asie ne posséda des despotes aussi absolus que le seront les Gouverneurs des Colonies.

En effet, tandis qu'en France les troupes sont obligées de prêter main-forte sur la requisition des Municipalités, le Gouverneur de Saint-Domingue, suivant l'art. 18 du tit. 6 des Instructions, *pourra faire agir la force publique pour le maintien de l'ordre intérieur, dans toute l'étendue de la Colonie, d'après un arrêté de l'Assemblée coloniale ou des Commissaires intermédiaires, auxquels il aura donné son APPROBATION.*

Il faut donc premièrement, qu'il y ait un arrêté solemnel qui constate la nécessité de faire agir la force, et cet arrêté doit encore être approuvé par le Gouverneur, c'est-à-dire que, s'il ne l'approuvait pas, les désordres les plus grands, l'anarchie, la guerre civile, ne seraient pas des motifs suffisans pour l'y contraindre ; puisque même, après l'arrêté approuvé par lui, il n'est pas dit qu'il sera obligé de faire agir la force, mais seulement QU'IL POURRA.

Il est donc bien constant que le Gouverneur ne doit obéissance à aucune autorité constituée dans la Colonie.

Ce qui donne bien plus de latitude encore à sa puissance, c'est qu'en lui laissant la faculté d'agir ou de ne pas agir sur la réquisition de l'Assemblée Coloniale, on ne lui ôte pas celle d'agir de son propre mouvement.

Les

Les Colonies sont donc privées de cette sauve-
garde de la sûreté individuelle, que la France,
s'est donnée en interdisant aux troupes de tour-
ner leurs armes contre les citoyens, que sur la
requisition des Magistrats du Peuple!

Eh! pourquoi la vie des Colons sera-t-elle
abandonnée par la loi même, à la merci des
despotes, lorsque celle des Français est mise
à l'abri du caprice, de la vengeance, du desir
de subjuguer, et de toutes les autres passions
des chefs des troupes? Le sang des Colons est-
il donc moins pur que celui des Français euro-
péens? On ne cesse de leur dire qu'ils font
partie de l'Empire français; qu'ils sont des
membres de la grande famille, et chaque disposition du corps législatif, qui leur est relative, porte avec elle le sceau d'une distinc-
tion humiliante, et l'empreinte de l'esclavage
et de l'anéantissement auxquels la Métropole
semble les condamner.

On dirait que le despotisme qu'on a voulu
détruire en France, n'est qu'exilé dans les
Colonies.

On prétend enfin que la responsabilité pro-
noncée contre le Gouverneur, devient un sûr
garant de sa conduite. Je trouve au contraire,
que si cette responsabilité n'a pas la forme de

G

l'inviolabilité, elle a du moins tous les autres caractères qui lui procurent les mêmes effets.

L'inviolabilité n'est autre chose que le silence imposé aux lois sur les actions de la personne qui en est revêtue ; or, l'article ci-dessus cité interdit aux Tribunaux des Colonies, même aux Assemblées de leurs Représentans, de connaître des délits des Gouverneurs. On ne peut les juger criminellement, ni leur demander aucune réparation civile, que sur un décret du Corps législatif.

Par quel étrange renversement de principes ces hommes auront-ils le privilège de piller, tuer, saccager impunément ? Pourquoi le glaive de la loi ne se promènera-t-il pas sur leurs têtes comme sur celle des autres citoyens ? Si la loi, soit qu'elle protège, soit qu'elle punisse, est la même pour tous ; si tous les citoyens sont égaux à ses yeux, les mêmes délits doivent être également punis.

Des différences établies dans les formes de constater les délits constituent la tyrannie.

Il n'y a ni ne peut y avoir dans un Empire monarchique, que le Monarque seul qui soit indépendant des formes et de la loi elle-même ; et c'est là le caractère essentiel de son invio- labilité.

Si un citoyen en tue un autre dans les Colonies, ce serait ouvrir la porte à l'impunité et à tous les crimes, que de ne pouvoir le juger criminellement, que sur un décret du Corps législatif. Eh ! cependant cette monstrueuse formalité est indispensable pour un Gouverneur, sans qu'il soit reconnu inviolable ! Cela choque tous les principes de la saine raison.

Il faut qu'un Gouverneur soit déclaré inviolable, ou qu'il soit confondu par la loi parmi les autres citoyens : il n'y a point de milieu.

Si cette disposition était définitivement consacrée par l'Assemblée nationale, les Colonies, bien loin de *jouir*, comme on leur a promis, *des heureux fruits de la régénération qui s'est opérée dans l'Empire français* ; seraient, au contraire, livrées à un ordre de choses plus tyrannique que celui où elles ont été jusqu'à présent ; car, au moyen de cet article 22, et de l'art. 4 du même titre, qui défend à qui que ce soit dans la Colonie, de se constituer juge des obligations du Gouverneur, on laisse un champ libre à son ambition, à ses entreprises, à ses passions.

Exercer un pouvoir dans les Colonies, avoir à sa disposition toute la force publique, et n'être responsable qu'envers l'Assemblée nationale et le Roi, c'est-à-dire, envers deux autorités placées à deux mille lieues, c'est n'être obligé qu'à joindre l'imposture au crime, pour donner impunément un libre essor à une domination sans bornes.

C'est ainsi que les assassins du 29 au 30 Juillet, au Port-au-Prince, ont non-seulement échappé aux peines capitales qu'ils avoient encourues, mais encore qu'ils ont été applaudis, remerciés par l'Assemblée nationale !

Une pareille Constitution serait sans-doute le fléau, la terreur de la vertu. La liberté individuelle serait parfaitement à la discrétion de tous les agens du Pouvoir exécutif à qui il plairait de la violer, sans que jamais ils eussent à craindre la rigueur des lois.

Le subalterne qui agit en vertu d'ordres, n'est comptable de sa conduite qu'envers celui qui les lui a donnés ; si celui-ci est inviolable sur les lieux où le crime s'est commis, un tissu de mensonges, des témoignages arrachés à la faiblesse par la séduction ou par la force, suf-firont pour imprimer au crime un caractère de patriotisme, pour substituer les éloges à l'é-chafaud (1).

____

(1) On n'a pas voulu savoir en France, mais on sait parfaitement à Saint-Domingue, de quels moyens on

Ces nouvelles prérogatives rendraient les Gouverneurs des Colonies bien autrement puissans qu'ils ne l'ont été jusqu'à-présent !

Suivant cette nouvelle organisation, ils n'ont de comptes à rendre à personne de leurs actions, tandis que ci-devant ils étaient tenus de se concerter avec l'Intendant, qui balançait leur pouvoir, chaque fois qu'un grand intérêt n'en commandait pas la connivence. D'un autre côté, ils étaient soumis à la censure des Habitans, dont l'opinion ne pouvait pas leur être indifférente, parce qu'elle détruisait souvent la nature des récompenses qu'ils espéraient recevoir en France à la fin de leur exercice.

L'art. 14 de l'Ordonnance du Roi, en date du 23 Mars 1763, porte : « Toutes les fois qu'un

---

s'est servi au Port-au-Prince, pour se procurer des pièces qui accuseraient les braves citoyens réunis paisiblement dans le Corps-de-Garde, d'avoir fait feu les premiers sur les scélérats qui furent les assassiner dans cette nuit, à jamais exécrable, du 28 au 30 juillet. Le lendemain de ce forfait, un papier, escorté par quatre fusiliers, courait les maisons ; il contenait les mensonges les plus atroces à la justification des bourreaux encore teints du sang des citoyens. On n'avait d'autre alternative que de le signer, ou d'être plongé dans les cachots. Voilà la pièce qui a guidé l'Assemblée nationale dans son décret du 12 Octobre 1790 !

Gouverneur ou Intendant mourra ou quittera sa place pour revenir en Europe, soit sur sa demande, soit qu'il ait été rappellé, la Chambre d'agriculture sera tenue d'envoyer au Secrétaire d'Etat ayant le département de la Marine, son avis signé de tous les Membres, sur l'administration du Gouverneur ou de l'Intendant, qui sera mort ou parti pour l'Europe, et d'entrer dans les détails sur son caractère, ses talens, ses vices, sa probité, et le bien ou le mal qu'il aura produit pendant son administration » (1).

----

(1) Il s'en faut bien que dans les Colonies étrangères du régime desquelles on nous menace sans cesse, le sort des habitans soit livré à la merci des Gouverneurs, comme dans les Colonies Françaises !

Chaque Métropole a senti que le moyen de s'attacher ces possessions lointaines, était de rendre les forces intérieures, les autorités constituées, purement protectrices et non oppressives.

Voici de quelle manière le Portugal, qui n'est certainement pas si près de la liberté que la France, gouverne le Brésil.

Cette vaste contrée est actuellement divisée en neuf Provinces, toutes conduites par un Commandant particulier. Quoique ces différens Chefs soient tenus de se conformer aux réglemens généraux que le Vice-Roi juge à-propos de faire, ils sont comme indépendans de

C'en est, je pense, assez pour prouver qu'il n'est pas moins intéressant pour les Colonies, qu'il ne l'a paru pour la France, que la force publique ne puisse intérieurement agir que sur la réquisition des Corps représentatifs; et afin

son autorité, parce qu'ils reçoivent directement leurs ordres de Lisbonne, et qu'eux-mêmes y rendent compte des affaires de leur département. On ne les nomme que pour trois ans; mais leur mission a communément plus de durée. La loi leur défend *de se marier dans la contrée soumise à leur jurisdiction; de s'intéresser dans aucune branche de commerce; d'accepter le moindre présent; de recevoir des émolumens pour les fonctions de leurs charges;* et cette loi est assez rigoureusement observée depuis quelques années. Aussi rien n'est-il plus rare aujourd'hui qu'une fortune faite ou commencée dans ces postes du Nouveau-Monde : celui qui les quitte volontairement, doit, comme celui qui est révoqué, compte de sa conduite à des Commissaires choisis par la Métropole ; ET LES CITOYENS DE TOUS LES ORDRES SONT INDISTINCTEMENT ADMIS A FORMER DES ACCUSATIONS CONTRE LUI.

A Saint-Eustache, Colonie Hollandaise, le Gouverneur a un Conseil, sans lequel rien d'important ne peut être décidé : celles de Saba et de Saint-Martin sont régies de même.

La Colonie d'Anguille, aux Anglais, toute petite, toute misérable qu'elle est, a cependant une Assemblée permanente et un Chef TOUJOURS CHOISI PAR LES HABITANS, et confirmé par le Gouverneur d'Antigoa.

que les troupes ne soient désormais employées
qu'à la protection, et non à la persécution des
citoyens, qu'il soit arrêté qu'il ne pourra être
envoyé des détachemens dans aucun quartier
de la Colonie, que sur la réquisition des Corps
politiques, ou sur des motifs dont le Gouverneur sera tenu de soumettre la légitimité à
l'Assemblée coloniale, ou à la Commission intermédiaire.

Quant à la responsabilité du Gouverneur,
elle doit être pure et simple, sauf à l'Assemblée
coloniale à adresser à l'Assemblée nationale et
au Roi les preuves de son inculpation, afin
qu'il soit pourvu à sa place, s'il y a lieu.

Après avoir analysé les prérogatives despo-
tiques dont l'Assemblée nationale désirerait
revêtir les Gouverneurs des Colonies, exami-
nons comment elle en traite les Habitans.

§. VIII. *Durée des Sessions des Assemblées
coloniales.*

Tout Corps délibérant sur les intérêts d'un
Peuple, ne peut certainement pas se promettre
d'avoir épuisé à une époque fixe, toutes les matières soumises à sa délibération; et suivant
les principes de la régénération française, aucune
autorité n'a le droit de dissoudre une Assemblée

blée de Représentans ; cependant l'art. 9 du tit. 5, §. 2 des Instructions, porte, *que l'Assemblée coloniale se rassemblera tous les ans, à l'époque qui sera fixée sur la proposition de l'Assemblée coloniale actuelle ; que sa session sera de deux mois ; qu'elle pourra la prolonger d'un mois si les affaires l'exigent ; mais que ce terme passé, la session ne pourra être continuée sans l'autorisation du Gouverneur.*

Il faut donc que dans deux mois, ou au plus tard dans trois, toutes les opérations de l'Assemblée coloniale soient finies ; et quels que soient les besoins de la Colonie, elle ne pourra rester en exercice sans le consentement de M. le Gouverneur, consentement qui sera accordé, si la prolongation a pour objet de reculer les limites de son autorité ; mais qui sera à coup-sûr refusé, s'il a au contraire celui de la réforme de quelqu'abus introduit dans l'intervale des sessions de l'Assemblée coloniale par le Pouvoir exécutif, dont la tendance naturelle est d'usurper sans cesse.

Dans un pays où la présence des propriétaires sur leurs biens est si précieuse, on n'a pas à craindre que ceux qui seront envoyés aux Assemblées coloniales cherchent à prolonger le tems de leur absence sans des motifs d'utilité publique. Chacun ayant intérêt à rentrer chez soi, s'empressera au contraire de remplir bien vîte la tâche que la confiance de ses concitoyens lui aura imposée, et la loi n'a certainement pas besoin de parler, lorsque l'intérêt personnel parle : si absolument on veut qu'elle ne soit pas muette sur cet article, il serait plus convenable qu'elle prévînt les empressemens trop naturels à chaque Membre de l'Assemblée coloniale, de se débarrasser promptement du soin de la chose publique, pour se livrer tout entier à celui de sa fortune. Il faut donc que la durée de la session dépende absolument de l'Assemblée coloniale.

Il n'y a que des avantages à se promettre pour la chose publique, de l'exercice et de l'activité des Assemblées coloniales. Il n'y a au contraire que des dangers à craindre de leur séparation précipitée. Les probabilités sont d'autant plus pour mon assertion, qu'il est indubitable que les Assemblées coloniales, qui n'auront de tenue que pendant deux ou trois mois, dont les premiers jours sont employés à la vérification des pouvoirs, au réglement de police intérieure, etc. ne pourront pas discuter à fond les différens articles sur lesquels elles auront à délibérer. La loi sera rendue sans un examen suffisant, et la Colonie sera victime de cette précipitation.

Au reste, de même que l'Assemblée nationale n'a pas besoin du consentement du Roi pour se réunir, cesser ou prolonger ses sessions, de même les Assemblées coloniales ne peuvent être assujetties, pour la prolongation des leurs, au consentement du Gouverneur. Cette parité est d'une justesse incontestable ; car il y a bien plus d'analogie encore entre les Assemblées nationales, et les Assemblées coloniales, qui sont les unes et les autres composées de citoyens élus par le Peuple, qui par-tout a les mêmes droits, et peut conférer les mêmes pouvoirs, qu'il n'y en a entre le Gouverneur et le Roi.

Il est donc absurde que le Gouverneur des Colonies ait, à l'égard de leurs Représentans, un droit que le Roi même n'a pas envers les Représentans de la France.

§. I X. *Responsabilité des Assemblées coloniales.*

Les Mémbres de l'Assemblée coloniale ne pourront être jugés dans la Colonie, relativement à l'exercice de leurs fonctions ; mais sur les plaintes portées au Corps législatif; ou sur la connaissance qu'il aura prise des actes de l'Assemblée coloniale, il pourra mander l'Assemblée ou une partie de ses Membres, la suspendre de ses fonctions, la dissoudre même, statuer à l'égard de tous ou de quelques-uns de ses Membres, qu'il y a lieu à accusation, et les renvoyer pour être jugés devant la haute Cour nationale. Art. 16 du tit. 5, ?. 2.

Je ne donnerai pas un libre cours aux réflexions que cet article fait naître : ma plume se refuserait à tracer les sentimens qu'il inspire. Je me bornerai à soutenir que le Peuple de Saint-Domingue a, dans la Colonie, autant de droits que le Peuple de France peut en avoir dans le Royaume ; qu'ainsi, leurs Représentans respectifs doivent jouir, dans l'exercice de leurs fonctions, de la même liberté, de la même inviolabilité. Comme l'Assemblée nationale, l'Assemblée coloniale délibère; ni l'une ni l'autre n'exerce aucune portion du Pouvoir exécutif; les résultats de leurs délibérations réciproques sont également soumis à un *véto*. Où il y a parité de fonctions, il doit nécessairement exister égalité de droits. L'inviolabilité ne peut donc pas être le partage des uns, et la responsabilité celui des autres.

Je me dispense d'examiner la légèreté des formes qui sont indiquées dans cet article, pour sévir contre les Membres de l'Assemblée coloniale.

Une simple plainte, n'importe d'où elle arrive, n'importe qui la fasse, une simple connaissance prise des actes de l'Assemblée coloniale, sont des titres suffisans pour arracher de leurs familles et de leurs biens, des citoyens vertueux que la confiance de leurs compatriotes aura appellés à la noble fonction de consacrer, soutenir et défendre leurs droits !

Une opinion manifestée dans l'Assemblée coloniale, qui aura déplu à M. le Gouverneur ou à tout autre individu, serait donc un délit suffisant pour expatrier, jetter dans les fers, et conduire à l'échafaud celui qui n'aura fait que suivre le mouvement de sa conscience ! Si la régénération des Colonies ne peut s'acheter qu'à ce prix, revienne l'ancien ordre des choses ! renaisse le despotisme ! Mais non ; ces souhaits sont également inutiles et impuissans ; le vieux, le monstrueux édifice politique est écroulé ; c'est sur ses bases qu'il faut en élever un nouveau. C'est à la Colonie à empêcher que ceux qui seront appellés à ce grand œuvre, ne soient pas les victimes de leurs travaux et de leur franchise.

§. X. DIRECTEUR-GÉNÉRAL.

Les fonctions confiées au pouvoir exécutif, relativement à l'administration et aux finances, seront exercées en chef dans la Colonie, et sous un Officier nommé par le Roi, portant le titre de DIRECTEUR-GÉNÉRAL D'ADMINISTRATION. Art. 1, §. 2.

Cette institution se rapproche trop de celle des Intendans, qui n'ont différé dans leurs dilapidations, que dans la manière de tromper la surveillance, pour qu'elle puisse convenir aux Colonies.

On n'a que trop éprouvé jusqu'ici combien l'exercice des emplois à une si grande distance de celui qui y nomme, donne de la morgue à ceux qui en sont pourvus.

On ne peut sans injustice s'empêcher de laisser à la libre décision de l'Assemblée coloniale cette création.

En supposant qu'elle décidât l'affirmative, la nomination, la surveillance et le remplacement doivent aussi lui être incontestablement dévolus.

Le Roi ni la France ne perçoivent dans la Colonie de Saint-Domingue aucuns droits ; tous ceux qui y sont établis, ont pour unique objet les frais du gouvernement intérieur.

Les fonds provenans des impôts sont donc absolument et exclusivement la propriété particulière de la Colonie. Lorsqu'ils se trouvent au-dessous des dépenses, quelle qu'en soit la cause, la Colonie seule doit remplir le déficit; ainsi les fortunes considérables faites par tous ceux qui ont eu quelque part à l'administration des finances, sont des vols directement faits aux Colons, dont il est tems qu'ils cessent d'être victimes.

Je n'entends pas pour cela que la gestion des deniers publics appartienne à l'Assemblée coloniale, car il n'est pas de plus ruineuse régie que celle qui est faite colectivement.

Les dépenses ordinaires de la Colonie doivent être fixées chaque année par ses Représentans.

Les dépenses extraordinaires doivent être précédées des formalités qui empêchent les connivences qui ont eu lieu jusqu'à-présent au préjudice de la Colonie, entre les entrepreneurs et les bailleurs des entreprises.

Avec ces précautions, un Trésorier-général suffirait.

Les différens Receveurs doivent sur-tout être temporaires; car tel comptable qu'on répugne à flétrir par une révocation , ou dont l'adresse écarte les preuves des soupçons injustement conçus , sera remplacé sans que sa réputation soit compromise ; et pour ne pas priver la Colonie d'un comptable également éclairé et honnête, ils doivent être rééligibles aux époques convenues.

Leurs comptes doivent être rendus tous les ans. C'est au Directoire à arrêter ceux des Receveurs particuliers de leurs districts : c'est à l'Assemblée coloniale à arrêter le compte général qui sera ensuite rendu public par la voie de l'impression, afin que chaque citoyen puisse s'éclairer sur l'emploi des fonds dont il paye sa part.